BEI GRIN MACHT SICH IHR WISSEN BEZAHLT

AF141501

- Wir veröffentlichen Ihre Hausarbeit,
  Bachelor- und Masterarbeit

- Ihr eigenes eBook und Buch -
  weltweit in allen wichtigen Shops

- Verdienen Sie an jedem Verkauf

Jetzt bei www.GRIN.com hochladen
und kostenlos publizieren

GRIN

Valentin Burkart

Flugsicherheit. Ist die Gefahr vor Anschlägen im Luftverkehr weitgehend gebannt?

GRIN Verlag

Bibliografische Information der Deutschen Nationalbibliothek:

Die Deutsche Bibliothek verzeichnet diese Publikation in der Deutschen National-bibliografie; detaillierte bibliografische Daten sind im Internet über http://dnb.d-nb.de/ abrufbar.

Dieses Werk sowie alle darin enthaltenen einzelnen Beiträge und Abbildungen sind urheberrechtlich geschützt. Jede Verwertung, die nicht ausdrücklich vom Urheberrechtsschutz zugelassen ist, bedarf der vorherigen Zustimmung des Verla-ges. Das gilt insbesondere für Vervielfältigungen, Bearbeitungen, Übersetzungen, Mikroverfilmungen, Auswertungen durch Datenbanken und für die Einspeicherung und Verarbeitung in elektronische Systeme. Alle Rechte, auch die des auszugsweisen Nachdrucks, der fotomechanischen Wiedergabe (einschließlich Mikrokopie) sowie der Auswertung durch Datenbanken oder ähnliche Einrichtungen, vorbehalten.

Impressum:

Copyright © 2015 GRIN Verlag GmbH
Druck und Bindung: Books on Demand GmbH, Norderstedt Germany
ISBN: 978-3-656-96329-5

Dieses Buch bei GRIN:

http://www.grin.com/de/e-book/299778/flugsicherheit-ist-die-gefahr-vor-anschlae-gen-im-luftverkehr-weitgehend

GRIN - Your knowledge has value

Der GRIN Verlag publiziert seit 1998 wissenschaftliche Arbeiten von Studenten, Hochschullehrern und anderen Akademikern als eBook und gedrucktes Buch. Die Verlagswebsite www.grin.com ist die ideale Plattform zur Veröffentlichung von Hausarbeiten, Abschlussarbeiten, wissenschaftlichen Aufsätzen, Dissertationen und Fachbüchern.

Besuchen Sie uns im Internet:

http://www.grin.com/

http://www.facebook.com/grincom

http://www.twitter.com/grin_com

Flugsicherheit

Ist die Gefahr vor Anschlägen im Luftverkehr weitgehend gebannt?

Facharbeit im Seminarfach Luft- und Raumfahrt

20. April 2015

Valentin Burkart

Inhaltsverzeichnis

1. Einleitung

Mit jedem Anschlag geht ein Stück Freiheit verloren. Nicht nur durch die Angst, die dadurch ausgelöst wird, sondern auch durch Maßnahmen, die zugunsten der Sicherheit ergriffen werden müssen. Wie viel Freiheit bleibt uns dann über kurz oder lang übrig? Anschläge treten immer häufiger auf und sind schwer vorhersehbar. Gerade im Luftverkehr haben diese verheerende Folgen: Sie fordern eine Vielzahl an Menschenleben. Eine der tragischsten Vorfälle eignete sich vor 14 Jahren am 11. September 2001 ab: Vier Verkehrsflugzeuge wurden entführt. Zwei davon stürzten ab. Die anderen schlugen in das auf amerikanischem Boden stehende *World Trade Center* in New York ein. Das Attentat stürzte rund 3000 Menschen in den Tod.

Die Auswirkungen sind in unserem alltäglichen Leben wiederaufzufinden. Die Sicherheit und Kontrolle wurden global verschärft. Bis heute versucht man, die Gefahr vor Anschlägen und Verbrechen zu minimieren. Besonders in der momentanen politischen Situation, in der wir uns befinden, erscheinen Planungen von Attentaten auf den Luftverkehr als wahrscheinlich. Vor Allem die Spannungen zwischen dem Osten und Westen können dazu führen, dass ein politischer Wandel durch Terrorismus erzwungen werden will. Flugzeuge und Flughäfen sind dafür besonders geeignet, da sich dort eine große Menschenmenge aufhält und Anschläge umso mehr Aufsehen erregen. Das bringt mich zu der Frage, ob diese Gefahr im Flugverkehr heutzutage weitgehend gebannt ist, oder ob immer noch Verbesserungen notwendig sind.

Flugsicherheit versteht man allgemein als Vorkehrungen zur Vermeidung von Flugunfällen. Ich beziehe mich in meiner Arbeit dabei hauptsächlich auf den Teilbereich der Luftsicherheit. Dieser beschäftigt sich mit Vorbeugungen terroristischer Eingriffe auf den zivilen Luftverkehr.

Durch meine Seminararbeit erhoffe ich, einen Einblick in den Terrorismus zu bekommen, um überhaupt die Funktion Menschenrecht-verletzender Taten zu verstehen. Ich habe auch die Absicht, die Rolle der Medien dabei genauer zu betrachten. Mein vorrangiges Ziel allerdings ist es, Sicherheitsmaßnahmen ausfindig zu machen, diese nach möglichen Gefahren und Risiken zu untersuchen und eventuelle Maßnahmen zur Besserung vorzuschlagen.

Die größte Schwierigkeit wird wohl sein, Risiken ausfindig zu machen, da diese von Flugbetreibern wohl so gut es geht geheim gehalten werden oder erst gar nicht bekannt sind. Darüber hinaus ist zu vermuten, dass Flugsicherheitsfirmen wie *Fraport AG* oder *DFS* *(Deutsche Flugsicherung)* wenig Informationen und Daten über ihre Methoden preisgeben werden.

Ich werde meine Arbeit in fünf Punkte gliedern. Der erste behandelt die Anschläge vom 11. September 2001 und deren Auswirkungen. Es folgt das Thema Terrorismus, in welchem ich auf mehrere Deutungen psychologischer, gesellschaftlicher und religiöser Herkunft eingehe. Die Bedeutung der Medien wird hierbei genauer untersucht. Die nächsten beiden Punkte beinhalten die Verschärfungen der Sicherheitsvorkehrungen seit *9/11*, welche die Grundlagen für die heute gegebene Sicherheit im Luftverkehr bilden, sowie aktuelle, noch bestehende Risiken. Zu guter Letzt stelle ich die Frage, wie sich die Luftfahrtbranche und deren Sicherheit in der Zukunft entwickeln werden. In meinen Argumentationen werde ich mich immer wieder auf aktuelle und vergangene Geschehnisse von Entführungen und Anschlägen beziehen.

2. Nine-Eleven

Der 11. September 2001 – oder auch **der Tag, der die Welt veränderte.** An diesem Tag wurde man Zeuge von einem einschneidenden Anschlag, der die ganze Welt erschütterte. Um die Ursachen und eine mögliche Vermeidung dieses Attentats aufzuzeigen, werde ich dieses Ereignis überwiegend aus der Sichtweise der Terroristen erläutern. Das Hauptaugenmerkmal liegt hierbei auf der Entführung des *Fluges AA11*.

Es gibt zahlreiche Verschwörungstheorien, die behaupten, dass die Anschläge vorgetäuscht worden sind. Sie beschäftigen sich mit Fragen, warum die US-Luftverteidigung versagte oder wie die Flugzeuge die Türme des *World Trade Centers* zum Einsturz bringen konnten. Da ich mithilfe dieses Kapitels jedoch die drastischen Folgen eines Anschlags auf den Luftverkehr aufzeigen will, lasse ich diese Theorien beiseite. Selbst wenn eine Täuschung publik gemacht werden würde, kann man über 14 Jahre nach dem Unglück sagen, dass die Folgen, die ausgelöst worden sind, nicht rückgängig gemacht werden könnten. Der Großteil der Menschheit wird nur auf die Sichtweise zurückgreifen, die ich im Folgenden erläutern werde.

2.1 Was geschah?

Die Vorbereitungen begannen früh morgens. Bereits um 6:30 Uhr parkten fünf Araber ihr Auto auf einem Parkplatz am Bostoner Flughafen. Im Nachhinein stellte sich heraus, dass der Kleintransporter von *Mohammed Atta*, einem der Terroristen, gemietet worden war. Darin befand sich Berichten zufolge ein sogenannter *Ramp Pass,* der die Erlaubnis gab, sich in abgesperrten Teilen des Flughafens aufzuhalten. Um 7:45 Uhr erfolgte der Einlass des Flugpersonals zu dem Flug American Airlines 11. Zwei Entführern gelang es, das Flugzeug mit falschen Ausweisen und gestohlenen Uniformen zu besteigen. Als Passagiere gelang es weiteren 19 Entführern, an Bord zu kommen. Neun mussten vorher durch eine Sicherheitskontrolle. Von keinem war der Name bekannt. Nur zwei wurden aufgrund Ungereimtheiten in den Papieren und einer aufgrund falscher Papiere überprüft. Entwischt sind sogar zwei bereits bekannte Terroristen, die auf der *Terrorist watchlist for international flights*[1] stehen. Sechs Gepäckstücke wurden auf Waffen und Sprengstoffe überprüft. Am Ende wurde jedem Entführer der Zutritt gewährt. Gegen 8:13 Uhr begann der Akt der Entführung. Das Cockpit wurde circa zehn Minuten später gestürmt. Die Piloten hatten keine Chance mehr, einen Notruf abzusenden. Der Flug weichte kurz darauf stark vom Kurs ab, weshalb man schlussfolgerte, dass er entführt wurde. Jegliche Kontaktversuche scheiterten. Die Entführer befolgten eine brutale Vorgehensweise, was bereits während des Fluges Menschenleben forderte. Nach einem dramatischen Telefonat mit einem Flugpassagier, welcher preisgab, dass das Flugzeug sank, wurden zwei F-15 Eagles mit dem Auftrag, den Flug AA 11 abzufangen, losgeschickt. Allerdings wurde der Befehl nicht den Luftüberlegenheitsjäger an den näher liegenden Basen erteilt. Kurze Zeit später um 8:46 Uhr schlug das Flugzeug in den Nordturm des World Trade Centers ein. Dabei kam es zu einer Explosion des Kerosins und einem Gebäudebrand. Verstärkt wurde dieser durch den Einschlag eines weiteren Passagierflugzeuges (Flug UA175) in den südlichen Turm. Um 9:37 Uhr flog der Flug AA 77 in das *Pentagon*, einem Verwaltungsgebäude in Virginia. Um 10:03 Uhr stürzte schließlich das vierte und letzte entführte Flugzeug bei Pittsburgh in Pennsylvania ab.

Um in erster Linie die Wichtigkeit der Bekämpfung von Anschlägen auf den Luftverkehr zu verdeutlichen, werde ich die Folgen, die *Nine-Eleven* verursachte, erläutern. Darüber hinaus erhoffe ich mir dadurch auch erste Gedankengänge über einen möglichen Nutzen, die Terroristen durch die Auswirkungen ziehen könnten und vielleicht beabsichtigt haben könnten.

2.2 Unmittelbare Folgen

Nichts wird so sein wie es einmal war.

Diese Entgegnung des Dramas vom 11. September 2001 kursierte unmittelbar nach dem Ereignis weltweit. Gewissermaßen hatte man mit dieser Aussage Recht, was die folgenden wirtschaftlichen Auswirkungen belegen. Diese sind vorwiegend psychologischer Veränderungen geschuldet.

---

[1] Liste von gesuchten Terroristen

Die unmittelbaren Folgen der Anschläge waren für den Luftverkehr verheerend. Der Luftraum der USA wurde vier Tage lang gesperrt. Flugzeuge, die sich zum Zeitpunkt des Anschlages in der Luft befanden, mussten entweder notlanden oder umkehren. Auch in Deutschland gingen Schäden hervor: Die Sperrung des Luftraumes verursachte beispielsweise bei der größten deutschen Fluggesellschaft *Lufthansa* Schäden von 70 Millionen Euro[2]. Die bis dahin sonst so unberührte USA verfiel in Schock. Immerhin stürzte mit dem *World Trade Center* ein Symbol für die Macht der Wirtschaft des Landes ein. Die Anschläge verantworten zudem den Tod von 3039 Menschen, wobei 24 davon noch heute vermisst werden und als tot einzustufen sind. Verletzt wurden circa 6000. Jeder fünfte US-Bürger kennt verletzte oder verstorbene Opfer persönlich. Zudem verloren 146.000 Menschen in New York ihren Arbeitsplatz.[3]

2.3 Langfristige wirtschaftliche Folgen

Das **Konsumklima** brach als Resultat des Terrors ein. Die Verbraucher erwiesen sich als erschüttert. Es wurde viel über politische, ökonomische Folgen, wie auch über die Reaktionen der betroffenen Regierungen spekuliert. Da man sich nicht sicher sein konnte, wie die weitere Vorgehensweise sein wird, insbesondere die der Terroristen, sank das Vertrauen der Verbraucher drastisch. Zieht man in Betracht, *dass die Wirtschaft in den USA zu über 2/3 von dem Konsum abhängt*[4], gibt einem die Entwicklung noch größere Bedenken.

Das Ausgabeverhalten änderte sich in vielerlei Hinsichten. Es kam zu einem **Nachfrage-schock**, der jahrelang als Effekt von *9/11* anhielt. Die Nachwirkung davon ist vor allem in den Aktiengesellschaften des Luftverkehrs zu erkennen. An europäischen und amerikanischen Börsen fiel der Kurs der Aktien. Da es nach diesen Geschehnissen zu handeln galt, schlug man einen offensiven Kurs der Aktien ein. Damit musste auch ein deutlich höheres Risiko in Kauf genommen werden. Vermögensverwalter, die nicht bereit waren, bei dem risikoreichen Kurs mitzuziehen, mussten aussteigen. Somit zeichnete sich ein Abwärtstrend der Luftfahrtbranche ab. Mit den risikoreichen Aktien erklärt man sich die erhöhten Schwankungen des Börsenkurses seit dem 11. September 2001. Dies

---

[2] http://www.handelsblatt.com [Q4]
[3] AIR DESASTER – Katastrophen der Luftfahrtgeschichte [Q5]
[4] http://www.handelszeitung.ch [Q6]

verdeutlicht die Marktrelevanz politisch abstammender Ereignisse. Die Aktualität und der Konsum der Medien, wie auch die gegenseitig pendenten Märkte sind dafür verantwortlich. Die Übertragungseffekte sind deshalb größer als ursprünglich erwartet.

Der Umfang des **internationalen Handels** der USA wurde in Folge der Terrorwelle reduziert. Die erläuterte Verunsicherung färbte sich auf die Gestaltung des Außenhandels ab. Die Unberechenbarkeit des Terrorismus und das erhöhte Risiko in den Vereinigten Staaten spiegelten sich in einer unattraktiveren Sichtweise des Landes für Hersteller wieder. Dies kann, abgesehen von den genannten Ereignissen, sogar soweit gehen, dass Handelsbeziehungen zerstört werden und damit der Industrie Schaden zugefügt wird. Länder sind in dieser Hinsicht besonders angreifbar, da Handelsbeziehungen ein wichtiger Bestandteil der Wirtschaft ist. Für Terroristen erscheint eine Zerstörung dieser durch Destruktionen von Gütern aus diesem Grund attraktiv. Um solche Vorgehen zu verhindern, werden Sicherheitsmaßnahmen ergriffen, die unvermeidbar die Kosten erhöhen. Deutlich macht das die Schließung der Grenzen der USA, was den Import deutlich verzögerte.

Die **Versicherungswirtschaft** war einer der großen Verlierer des Terrorismus. Man rechnete nicht damit, dass mehrere Terroranschläge auf das World Trade Center zielten. Infolgedessen waren die Schadensfälle mit geschätzten elf bis 42 Milliarden Euro[5] in New York unglaublich hoch, so hoch wie nie zuvor in der Versicherungsgeschichte. Die Versicherungsbranche hätte sicherlich keine weitere Reihe von Anschlägen dieses Ausmaßes überleben können.[6] Aus diesem Grund nahm man drei grundlegende Veränderungen vor:

1) Man revidierte die Unterschätzung der möglichen Schadenssumme. Somit sicherte man sich gegen weitere katastrophale materielle zu versichernden Schäden ab.
2) *Man schloss und schränkte die Erstattung von Schäden, die aus dem Terrorismus hervorgingen, ein.*[7]
3) Es wurde der Versicherungsbeitrag in den Verträgen korrigiert, *was Angst vor Terrorismus und die Ungewissheit der Absicherung darüber bei den Kunden bewirkte.*[8]

---

[5] http://www.dw.de [Q7]
[6] http://www.bpb.de [Q8]
[7] Ebenda
[8] Ebenda

Neben der Verwaltung der Schadenskompensation mussten Versicherungen darauf achten, dass deren Aktienkurs nicht drastisch abfällt und der Geldanteil, der an die Aktionäre verschüttet wird, nicht unpassend gering ist.

Notwendigerweise wurden **Sicherheitsmaßnahmen** in vielerlei Hinsicht signifikant potenziert. Zum Wohl der Allgemeinheit basieren diese gerade im Flugverkehr auf gesetzlicher Grundlage. Zwar wurden auch fakultative Maßnahmen ergriffen, jedoch fällt dadurch die Leistungsfähigkeit von Firmen. Dies lässt sich dadurch erklären, dass die entstehenden Kosten für die allgemeine Sicherheit verwendet werden. Dafür bleibt weniger Geld für die Verbesserung der Produktivität übrig. Sobald man den Preis für den Kunden erhöht, um das Geld wieder reinzuholen, sinkt die Kaufkraft und damit auch das Kaufinteresse. Somit gleichen die Sicherheitsvorkehrungen außerplanmäßigen Kosten, die die Sicherheit der Gesellschaft verbessern.

Um dieses Thema gründlich zu untersuchen, muss man sagen, dass Sicherheitsmaßnahmen durchaus positive wirtschaftliche Auswirkungen beinhalten können. So zeigt die Historie, dass die Kunden mehr und mehr auf sichere Produkte zurückgreifen. Gewissheit über die Sicherheit der Anbieter und Dienstleistungen fördert ebenfalls die wirtschaftliche Lage. Das ermöglicht es der Branche zu expandieren, indem neue Firmen entstehen, die dem Verlangen nach Sicherheit gerecht werden.

2.4 Politische Folgen

Bereits einen Tag nach dem 11. September 2001 wurde vom UN-Sicherheitsrat eine *Bedrohung des Weltfriedens* ausgerufen. Weltweit hatte man Angst vor islamistischen Terrororganisationen wie *al Qaida*. Die US-Außenpolitik konzentrierte sich auf die Bekämpfung des Terrors. So marschierte das Militär bereits im Oktober des Jahres 2001 in Afghanistan ein, um die Diktatur der Taliban zu beenden. Ohne die Erlaubnis der *United Nations* marschierten die Truppen 2003 mit dem publizierten Grund scheinbarer *Bedrohung und Verwicklung der irakischen Regierung in Nine-Eleven* in den Irak ein. Dieses Vorgehen löste den *Irakkrieg* aus, in dem Bagdad bombardiert und erobert wurde. Der Krieg hielt 33 Tage an, bis der irakische Diktator *Saddam Hussein* gestürzt worden war.

3. Terrorismus

Was bewegt jemanden dazu, tausende von unschuldigen Menschen in den Tod zu reißen? Was will man mit solch grausamen Taten erreichen? Leiden die Menschen unter psychischen Schäden oder stecken politisch motivierte Absichten dahinter? Diesen Fragen versuche ich, in diesem Kapitel auf den Grund zu gehen.

3.1 Was ist Terrorismus?

Terrorismus wird abgeleitet durch den lateinischen Begriff *Terror*. Übersetzt wird dieser mit Angst, Schrecken. Der amerikanische Schriftsteller Howard Phillipps Lovecraft sagte einst:

Das älteste und stärkste Gefühl ist Angst, die älteste und stärkste Form der Angst, ist die Angst vor dem Unbekannten.[9]

Terrorismus soll den Menschen Furcht einflößen. Sie sollen Angst vor weiterem und den Folgen des bestehenden Terrors haben. Dies löst Nachdenklichkeit aus. Man stellt sich automatisch die Fragen, ob die bestehende Ordnung die richtige ist, oder wieso Terror begangen wurde, und versucht, eine Lösung zu finden, damit dieser aufhört.
Genau das ist das Ziel von Terroristen, welche oft in einer Terrororganisation wie *al Qaida* involviert sind. Sie wollen ein allgemeines Bestreben nach einem Umbruch auslösen und oftmals bloß die Welt brennen sehen.

3.2 Wer wird Terrorist?

Um kein Vorurteil über Terroristen zu fällen, muss man deren Sichtweise betrachten und verstehen. Nicht selten geschieht es, dass Kinder in terroristische Organisationen geraten, ohne dies gleich zu wissen. Sie wachsen ohne Eltern auf und haben ansonsten wenige bis keine Bezugspersonen. In diesen Organisationen wird es für sie dann zur Selbstverständlichkeit, sich gegen den Staat auszurichten und Gewalt auszuüben. Die

---

[9] http://www.aphorismen.de [Q16]

Sichtweise, die Terroristen vertreten, kann man nicht sofort als falsch einstufen, nur weil sie anders als unsere ist. Sie ist häufig die Folge unserer heutigen Gesellschaft. Die Vorgehensweise der Terroristen muss dagegen in Frage gestellt und auch dagegen vorgegangen werden.

Um Terrorismus zu bekämpfen, muss man verstehen, wie er funktioniert. Das Thema bringt jedoch wenig wissenschaftliche Erklärungsansätze mit sich. Es wird zwar seit Jahren diskutiert, jedoch ergeben sich daraus oft nur Hypothesen, die nicht vollständig bewiesen sind. Im Folgenden werde ich bedeutende Interpretationen erläutern, sie auf ihre Logik und Richtigkeit überprüfen sowie Bezüge zu vergangenen und aktuellen Geschehnissen herstellen.

3.3 Psychologische Interpretation

Die **psychopathologische Theorie** sagt aus, dass Terroristen psychisch gestörte Menschen sind. Sie leiden an einer psychischen Erkrankung. Häufige Symptome sind dabei unter anderem formale Denkstörungen, Ängste wie Zwang oder auch die sogenannten *Ich-Störungen*.[10] Bei dieser Störung fällt es dem Erkrankten schwer, sich von der Umwelt abzugrenzen. Im Zusammenspiel mehrerer solcher Symptome können daher Gedanken wie ein Selbstmordattentat aufkommen. Zeuge davon könnte die Menschheit wohl erst vor kurzem am 24. März dieses Jahres geworden sein. Als Co-Pilot des Germanwings-Fluges 9525 schaltete *Andreas Lubitz* in Abwesenheit des Piloten den automatischen Sinkflug ein. Er verriegelte die Tür zum Cockpit von innen, so dass ihn keiner hatte aufhalten können. Das Flugzeug schlug in den Seealpen von Frankreich ein. Alle Passagiere und Bordmitglieder starben. Berichten zufolge litt *Lubitz* an einer psychischen Erkrankung. Er wurde sogar professionell behandelt. All das deutet darauf hin, dass dieser Selbstmord nicht von politischer Absicht geprägt war.

Sobald Terrorismus jedoch einen Grund in der Politik oder allgemein in der Außenwelt findet, so wird dies mit der **psychosoziologischen Theorie** gedeutet. Diese sagt ebenfalls aus, dass die Menschen einen psychopathischen Hintergrund haben, da es die eigene

---

[10] http://de.wikipedia.org [Q14]

Entscheidung ist, sich Terrororganisationen oder Terrorplanungen anzuschließen.
Anschläge auszuführen erfordert dann aber einen gewissen gesellschaftlichen
Zusammenhang, welcher in der folgenden *gesellschaftlichen Interpretation* näher ausgeführt
wird. Meist verwendet man Attentate als Druckmittel gegen die Politik, um bestehende
Ordnungen zu verändern oder zu unterdrücken. Osama bin Laden, der *Strippenzieher* der
Organisation *al Qaida*, welche die Anschläge vom 11. September 2001verantwortet, sagte
damals:

Unser Terrorismus ist ein gesegneter Terrorismus, um die ungerechte Person an
Ungerechtigkeiten zu hindern und Amerikas Unterstützung für Israel zu stoppen.[11]

Damit macht er klar, dass er im Terrorismus eine Chance sieht, politische Veränderungen
herbeizuführen. Seine Anschläge sind daher psychosoziologisch einzustufen.

Die **Ansteckungstheorie** besagt, dass Terrorismus ansteckend sei. Diese Aussage ist auf
den ersten Blick mit Vorsicht zu genießen, da man es somit einem Virus gleichstellt.
Betrachtet man den zeitweiligen Ablauf von Anschlägen, so erscheint die These jedoch als
aussagekräftiger als zuvor angenommen. Es soll nämlich einen *periodischen Zyklus bei*
Terroranschlägen oder Wellen des Terrorismus[12] geben. Diese *Ansteckung* macht sich also
dadurch deutlich, dass Terroristen sich durch aktuelle Anschläge nicht allein fühlen, an
Selbstbewusstsein und Überzeugung gewinnen und weitere folgen lassen.

Die **Medien** spielen dabei eine entscheidende Rolle. Durch ihre Informations- sowie Ver-
mittlungsfunktion erreichen sie schlagartig internationales Publikum und erleichtern und
spornen Terroristen an, in die Nachrichten zu kommen und eine Massenpanik auszulösen.

Weitere Aufgaben der Medien

Nicht umsonst nennt man sie hierzulande die *vierte Gewalt* im Staat. Sie informieren um
Einen über Probleme, Geschehnisse und Sachlagen. Damit stellen sie einen Pool
unterschiedlichster öffentlicher Meinungen zur Verfügung. Zum Anderen tragen sie
wesentlich zum Meinungsbildungsprozess bei, indem sie subjektive Sichtweisen in Betracht

---

[11] http://derstandard.at [Q11]
[12] http://www.uni-bielefeld.de [Q10]

ziehen und berichten. Dieser Punkt kann besonders die Nutzer in die Irre führen und unbewusst beeinflussen. Auf Grundlage der Macht, die Medien genießen, können sie Menschen durch Berichte oder Artikel in einer Art manipulieren, von der sie selbst oder sonstige Menschen, Firmen, Parteien, Industrien, Länder, etc. profitieren. Um sich davon loszureißen, ist es als Nutzer wichtig, zwischen objektiven und subjektiven Medien zu unterscheiden und stets misstrauisch zu sein. Es gibt nämlich auch zahlreiche Beispiele von vermeintlich objektiven Medien, die subjektiv berichteten, wie z.B. *die Tagesschau*. Sie genießt bei den meisten Bürgern eine hohe Glaubwürdigkeit durch informationsorientierte, objektive sowie verständliche Ausstrahlungen. Doch wieso sollte diese Sendung falsche oder verzerrte Tatsachen wie zum Beispiel über den Osten an die Öffentlichkeit bringen? Gerade Wladimir Putin wird als Sündenbock dargestellt, indem er isoliert, egoistisch und grausam erscheint.[13] Was für Absichten dahinterstecken, kann man nicht mit absoluter Sicherheit sagen. Es ist jedoch davon auszugehen, dass sich das Volk so gegen den Osten richten und an dessen Vertrauen verlieren soll. All das hat natürlich einen politischen Hintergrund.

Wie bereits gesagt, haben die Medien ebenfalls die Aufgabe der Vermittlung. Bei Anschlägen vermitteln sie zwischen den Terroristen und dem Volk. Sie veröffentlichen, meist spekulierend, welche Absichten der Terror mit sich zieht. Auf der anderen Seite geben sie den Terroristen Reaktionen der betroffenen Bürger und des allgemeinen Volkes preis. Allerdings beinhaltet dieser Punkt viele negative Folgen. Er zeigt damit, wie verwundbar die Menschen sein können und wie viel Leid sie ertragen müssen. Dies ist für Terrororganisationen ein *gefundenes Fressen.* Unglücklicherweise ist es in der heutigen Zeit, in der die Verbreitung und Nutzung der Medien, gerade durch das Internet, so groß wie nie zuvor sind, kaum mehr möglich, diese Sichtweise der Öffentlichkeit zu verbergen. Nun kommen wir zu einem (aus unserer Sichtweise) positiven Punkt: Die Kontroll- beziehungsweise Kritikfunktion der Medien. Sie liefert dem Volk durch Berichterstattungen Aufklärung zu Missständen, wie beispielsweise die Sicherheitsrisiken am Frankfurter Flughafen[14]. Damit wird es den Menschen ermöglicht, einerseits Systeme zu hinterfragen und mehr auf Probleme und Sicherheitslücken zu achten. Andererseits wird dadurch der Betroffene (in dem Fall der Frankfurter Flughafen) zu Maßnahmen gezwungen, damit sich der Ruf nicht weiter verschlechtert und die Politik und/oder Wirtschaft nicht leiden müssen.

---

[13] https://propagandaschau.wordpress.com [Q15]
[14] http://www.hronline.de [Q12]

3.4 Gesellschaftliche Interpretation

Modernisierung kann sowohl Segen als auch Fluch sein. In der liberalen Betrachtungsweise sieht man den Prozess als positiv an, welcher den Staat festigt und eine Grundlage für weitere positive politische und wirtschaftliche Entwicklungen bildet. Auf der anderen Seite können solche Veränderungen Gewalt mit sich ziehen, da nicht immer alle Beteiligten davon profitieren können.

Die wirtschaftliche Modernisierung, beziehungsweise das **Wirtschaftswachstum,** kann ein Faktor für Terrorismus sein. Diese Begründung ist eng mit der behandelten psychosoziologischen Theorie verwandt. Manche Menschen können sich mit der neu geordneten Gesellschaft nicht identifizieren, geschweige denn einbringen. Sie entwickeln sich zu Außenseitern und sehen die Lösung darin, sich dem Terrorismus zuzuwenden. Oftmals bringt Wirtschaftswachstum auch Ungleichheit durch ungerechte Einkommensverhältnisse mit sich. Dies soll ebenfalls zu einem erhöhten Terrorismus beitragen.

Die **politische Entwicklung** spielt eine der wichtigsten Rollen in Bezug auf Terrorismus. Es fängt schon bei der Regierungsform an. Sobald Menschen das Gefühl bekommen, politisch kein Mitspracherecht zu haben, unterdrückt zu werden und in einer aussichtslosen Situation festzustecken, steigt die Wahrscheinlichkeit auf Gewalt. Selbst unter dem Einfluss der Demokratie kann dies geschehen, sobald die Mehrheit als Diktatur angesehen wird. Sie kann sich nämlich gegen die Minderheit richten und nur die eigenen Ziele und Wünsche verfolgen. Damit wird auch deutlich, dass politische Handlungen die entscheidenden Faktoren sind. Greift man beispielsweise nicht auf Hilfsmaßnahmen für ethnische Gruppen zur Integration zurück, wird dieser Teil der Gesellschaft missachtet und benachteiligt, schließen sich zum Teil zusammen und könnten gewalttätig gegen den Staat vorgehen. Das ist oftmals aus der Sicht der Betroffenen die einzige Art der Kommunikation, die positiven Nutzen mit sich ziehen könnte.

Die **technologische Entwicklung** und **Globalisierung** stehen in einem engen Bezug zu Terrorismus. Sie ermöglicht es Terroristen, Ziele wie den Luftverkehr auszuwählen und dadurch weltweit Anschläge zu begehen. Da Anschläge auf den Luftverkehr besondere Aufmerksamkeit erregen, begünstigen diese auf Grundlage rascher Medien wie Fernsehen, Radio und Internet eine unmittelbar weltweite Empörung. Die wohl besorgniserregendste Entwicklung ist, dass Terroristen immer wieder hoch technisierte Waffen zur Verfügung

13

haben. Dazu gehören häufig gefährliche Sprengstoffladungen oder auch moderne Computersysteme, mit denen sie sich in andere Systeme hacken, sich dadurch Daten beschaffen und diese manipulieren können. Um die Gefahr minimiert darzustellen, könnte man sagen, dass die fortschreitende Technologie sich auch gegen höher technisierte Angriffe schützt. Eine garantierte Sicherheit wird es dabei aber nie geben, da es immer schwieriger sein wird und es einer immer besseren Technologie bedarf, solche Angriffe eher zu vereiteln als auszuführen.

3.5 Religiöse Interpretation

Eine der mächtigsten Bedrohungen stellt heutzutage der Islamismus dar. Gruppierungen wenden Gewalt *en masse* an. Sie verschulden einige grausame Attentate, unter ihnen die Anschläge am 11. September 2001. Sie begründen die menschenrechtswidrigen Handlungen mit ihrem Glauben. Das Ziel der *religiösen Fanatiker* ist dabei gegen *Ungläubige* vorzugehen. Sie sind der Meinung, im Sinne Gottes zu handeln, und wollen zwanghaft ihre Religion durchsetzen, koste es was es wolle. Dabei widersprechen sie ihr jedoch, da sie Menschen töten und die Religion aufzwingen. Beides ist im Koran als Sünde niedergeschrieben. Aus diesem Grunde kann man mit Sicherheit sagen, dass nicht alle Islamisten religiöse Fanatiker sind. Vielmehr benutzen einige die Religion als Vorwand für die psychologischen und gesellschaftlichen Gründe ihrer Anschläge.

4. Internationale Verschärfungen der Sicherheit

Meistens werden weitere Sicherheitsverschärfungen unmittelbar dann unternommen, wenn Mängel aufzuweisen sind. Diese werden entweder durch Kontrollen, Anschläge oder eigenständig entdeckt. Letzteres ist eher selten der Fall. Die Anschläge vom 11. September 2001 waren in den USA die ersten schweren Anschläge, welche dem internationalen Terrorismus geschuldet waren. Die Reaktion des Volkes fiel auch dementsprechend aus. Es folgte eine große Zustimmung zu Verschärfungen der Sicherheit. Diese waren auch dringend nötig, da man die im Kapitel *Nine-Eleven* geschilderte Ereignisse, wie zum Beispiel den Einlass der Entführer in das Passagierflugzeug, durchaus hätte verhindern können. Im Folgenden werde ich überwiegend Sicherheitsmaßnahmen in den USA erläutern, da das Land, wie die Vergangenheit zeigt, ein beliebtes Anschlagsziel ist. Darüber hinaus wurden mehrere Vorkehrungen aus den USA international übernommen.

Die *Federal Aviation Administration (FAA)*, die Bundesluftfahrtbehörde der USA, vergrößerte unmittelbar nach den Anschlägen die Liste der **verbotenen Gegenstände** an Bord. Vor Allem Chemikalien, explosive, brennbare und scharfe Gegenstände, sowie Waffen, mit denen Angriffe auf Menschen unternommen werden können, wurden fortan strenger gehandelt und aussortiert.

Die Bundesluftfahrtbehörde forderte darüber hinaus, mehr **Sicherheitsmechanismen in Flugzeugen** zu integrieren. Die Anforderungen wurden in den darauffolgenden Jahren 2002 und 2003 durch Richtlinien der internationalen Zivilluftfahrtorganisation noch einmal verschärft. Der Einbau von stärkeren und sicheren Türen im Cockpit war eine der wichtigsten Empfehlungen. Damit wollte man sicherstellen, dass es zu keinem unbefugten Zutritt kommt. Cockpittüren wurden global elektronisch gesichert und kugelsicher gebaut. Heutzutage sind fast alle Flugzeuge mit solchen Türen versehen. Der elektronische Mechanismus funktioniert folgendermaßen: Der Zutritt zum Cockpit wird nur dann gewährt, wenn der korrekte Sicherheitscode eingegeben wird. Eine Video-Kamera ermöglicht es der Besatzungscrew zu beobachten, wer sich vor der Tür aufhält und sie öffnet. Wenn potentielle Gefahr besteht, kann die Tür von innen verriegelt werden. Zwar besteht die Chance, von außen nach kurzer Verzögerung einen speziellen Code bei verriegelter Tür einzugeben, jedoch kann dieser durch einen weiteren Hebel im Cockpit inaktiv gemacht werden.

Im Oktober 2001 trat das Gesetz in Kraft, welches bis heute spürbare Auswirkungen auf USA-Reisende hat: Der **USA Patriot Act**. Die Anforderungen an die Pässe wurden erheblich erhöht. Es wird seitdem ein so genannter *Fluggastdatensatz* verlangt, der *persönliche Informationen*[15] wie Aufenthaltsorte, Einreisegrund, Aufenthaltsdauer, *et cetera* beinhaltet. 2004 wurde durchgesetzt, dass von ausländischen Bürgern Fingerabdrücke genommen und Fotos gemacht werden. Auf Ausländer wird somit ein besonderes Auge geworfen. Das Bundesgesetz ersetzt und mindert teilweise Grundrechte, welche auch Staatsbürger betreffen. Das soll zur Erleichterung terroristischer Ermittlungen beitragen. So dürfen beispielsweise Untersuchungen von Personen ohne deren Einwilligung und ohne Bekanntmachung durchgeführt werden.

Zu den Eckpfeilern der Verschärfung der Sicherheit lässt sich die Gründung der **Transportation Security Administration** (kurz *TSA*) einordnen. Seit November 2001 ist sie auf amerikanischem Boden für die innere Sicherheit zuständig. Sie kennzeichnen eine bemerkbare Verstärkung der Gepäckkontrollen. Damit ist die Kontrolle der *verbotenen Gegenstände* gewährleistet.

Spätestens nach der Vereitelung eines Anschlages von *Richard Reid,* einem *al Qaida*-Anhänger auf dem Flug von Paris nach Miami, werden die **Kontrollen an Flughäfen** international verschärft. Der gebürtige Brite versuchte, eine Plastiksprengstoffladung in seinem Schuh zu zünden. Dies geschah jedoch zu offensichtlich, nachdem er bereits mehrmals durch sein merkwürdiges Verhalten auffällig geworden ist. Eine Flugbegleiterin ertappte ihn bei dem Versuch, eine Zündschnur mit einem Streichholz anzuzünden. Die Passagiere wurden sofort aufmerksam und überwältigten *Reid*. Seit diesem Ereignis stehen Schuhe in besonderer Beobachtung bei Sicherheitskontrollen. Mittlerweile hat es sich durchgesetzt, dass sie ausgezogen werden müssen, damit sie ebenfalls gescannt werden können.

Um vor gefälschten Dokumenten geschützt zu sein, werden seit 2003 nach ICAO-Standards **biometrische Daten** in Ausweisen verlangt. Die Technisierung macht sich zu spüren, indem Maschinen verwendet werden, um Papiere zu scannen und zu überprüfen. Mit diesem System wird es keinem weiteren Terroristen mehr so leicht gelingen, sich mit falschen Identitäten in Flugzeuge zu schmuggeln.

Eine der ersten Maßnahmen in Deutschland wurde im Januar 2002 mit dem **Terrorismusbekämpfungsgesetz** ergriffen. Darin sind Vorschriften niedergeschrieben,

---

[15] http://de.wikipedia.org [Q18]

die der inneren Sicherheit dienen. Es ermöglicht dem Bundeskriminalamt und Verfassungsschutz unter anderem, sich zahlreiche Informationen wie Kontotransaktionen oder versandte sowie erhaltene Post über Fluggäste, die als potentielle Terroristen angesehen werden, zu beschaffen. Des Weiteren erlaubt es ihnen die Ortung der Handys von Fluggästen. Die Personendaten dürfen bis zu 15 Jahre lang gespeichert werden. Eine Verlängerung dieser Dauer kann durch den Behördenleiter vollzogen werden.

In Europa wurden die **Gemeinsamen Vorschriften für die Sicherheit des zivilen Luftverkehrs** im Dezember 2002 rechtsgültig. In *Artikel 5* dieser *Verordnung 2320/2002* steht:

1) Innerhalb von drei Monaten nach Inkrafttreten dieser Verordnung beschließt jeder Mitgliedsstaat ein nationales Sicherheitsprogramm für die Zivilluftfahrt, um zu gewährleisten, dass die in Artikel 4 Absatz 1 genannten gemeinsamen Normen und die nach Artikel 4 Absatz 2 erlassenen Maßnahmen ab dem in diese Maßnahmen festgelegten Zeitpunkt angewandt werden.[16]

Damit verlangte man von allen Mitgliedsstaaten der EU, durch umfangreiche und vielseitige Maßnahmen sich auf eigene Sicherheitsprogramme zu einigen, welche die gestellte Verordnung einhalten und sich daran orientieren. Die Sicherheitsstandards sollten unifiziert werden. In Deutschland wurde dann 2005 das entsprechende **Luftsicherheitsgesetz,** bestehend aus sechs Abschnitten, verabschiedet. Die Paragraphen 8 und 9 sind genauer zu betrachten, deren Inhalt die *Sicherungsmaßnahmen der Flugplatzbetreiber* und *Luftfahrtunternehmen[17]* sind. Um den Schutz vor Angriffen auf den Flugverkehr zu gewährleisten wird der Flugplatzbetreiber (§ 8) im Wesentlichen zu folgenden Dingen aufgefordert:

> ➢ Die Architektur der Flughafenanlage muss gemäß den Sicherheitsforderungen gebaut sein. Es muss ausreichend Platz vorhanden sein, um Kontrollen von nicht-öffentlichen Bereichen zu ermöglichen. Diese Bereiche müssen gesichert sein.
>
> ➢ Zu verstauende Gegenstände, wie aufgegebene Gepäckstücke und Post, sind zu kontrollieren und *sicher zu lagern.* Bei der Kontrolle des Gepäcks in Absenz

---

[16] http://eur-lex.europa.eu [Q19]
[17] http://www.gesetze-im-internet.de [Q20]

zuständiger Personen müssen die Schlösser geöffnet werden. Ansonsten ist die Person, welcher das Gepäck zuzuordnen ist, herbeizuholen.

> Jegliche Personen, auch eigene Mitarbeiter, sind bei dem Einlass in Bereiche, die nicht für die Allgemeinheit zugänglich sind, zu überprüfen. Dies kann auf passende Art und Weise geschehen, indem man eine Durchsuchung durchführt, wenn nötig die Zurechnungsfähigkeit überprüfen lässt oder sonstige Maßnahmen ergreift.

> Mitarbeiter haben die Pflicht, ein *Sicherheitsschulungsprogramm* zu besuchen. Mitarbeiter des Bereichs der Sicherheit müssen entsprechend ausgebildet werden.

> Gefährdete Luftfahrzeuge sind auf *Sicherheitspositionen* zu bringen. Die Gefahr muss unverzüglich durch Maßnahmen wie dem Entladen gebannt werden.

Die Verpflichtungen der Luftfahrtunternehmen (§ 9) decken sich überwiegend mit den vier zuletzt genannten Punkten. Der Unterschied besteht darin, dass sie die Maßnahmen in ihren zuständigen Bereichen sowie bei ihrem Personal durchführen müssen.

4.1 Vereitelte Anschläge und Reaktionen

Der Kampf gegen den Terrorismus auf den Flugbetrieben machte sich schnell bezahlt. Mehrere Anschläge wurden seit 2001 vereitelt. Leider sorgen Vereitelungen für weniger Aufsehen als die Durchführung von Anschlägen. Zwei Vereitelungen werde ich genauer betrachten.

Am **10. August 2006** versuchten Terroristen, mehrere Flugzeuge auf dem Weg von Großbritannien in die USA explodieren zu lassen. Man spricht dabei auch von der *Vereitelung der größten Terroraktion seit dem 11. September 2001.*[18] Es war geplant, flüssigen Sprengstoff in die nach Medienberichten sechs Flugzeuge zu schmuggeln. Die angeblich acht Monate lange Vorbereitung dieser Aktion wurde von britischen und kooperativen *Polizeiorganisationen und Geheimdiensten*[19] angetrieben. In der Nacht der Vereitelung wurden 25 Verdächtige festgenommen. Darauffolgend warnte man vor weiteren Terrorversuchen. Die Sicherheitsvorkehrungen wurden folglich verschärft: Handgepäck wurde in Flügen großbritannischer Beteiligung verboten. In den USA verkündete man ein vorübergehendes Verbot von Flüssigkeiten. Terroristen gingen dann

---

[18] http://www.spiegel.de [Q29]
[19] http://de.wikipedia.org [Q28]

dazu über, dass sie den Flughafen *Heathrow* beschossen. Es wird vermutet, dass *al Qaida* hinter den gescheiterten Attentaten steckt.

Aus Angst vor flüssigen Sprengstoffladungen, die möglicherweise nicht unmittelbar während den Kontrollen als Gefahr angesehen werden können, wurden folgende Sicherheitsvorkehrungen getroffen: Man erweiterte die Liste der verbotenen Gegenstände. Zudem wurden neue Bestimmungen für das Handgepäck beschlossen: Verschlossene Behälter dürfen nur noch höchstens 100 ml einer Flüssigkeit enthalten. Diese Behälter müssen in Tüten verschlossen sein.[20]

Am **29. Oktober 2010** wurden vom Jemen Pakete mit dem Inhalt scheinbar harmloser Computerdruckern losgeschickt. Sie sollten in Großbritannien in ein Flugzeug geladen werden, dessen Ziel die USA war. Glücklicherweise entdeckte man rechtzeitig versteckte Sprengsätze in einigen Tintenpatronen, welche aus hochexplosiven PETN[21] und Blei bestanden. Diese waren mit einem automatischen Mechanismus versehen. Sie waren mit einer Handykarte verbunden, die in einem Schaltkreis integriert war. Es wird vermutet, dass die Detonation über der Ostküste der USA stattfinden sollte.[22] Ein ehemaliger *al Qaida*-Anhänger soll sich unmittelbar vor der Beschlagnahmung der explosiven Pakete in Saudi-Arabien gestellt und von dem Plan erzählt haben.[23] Der deutsche Sicherheitsdienst leitete die Nachricht an den britischen weiter, nachdem die Pakete in Deutschland umgeladen worden sind. Somit ist der Versuch dieses Anschlages wieder auf die Terrororganisation *al Qaida* zurückzuführen, die einen Zweig in Jemen, dem Geburtsland Osama bin Ladens Vater[24][22], vorzuweisen hat.

Der Fund der professionell getarnten Bomben versetzte den weltweiten Luftverkehr in Alarmbereitschaft. Neben Deutschland untersagten mehrere Länder die Landegenehmigung jemenitischer Flugzeuge. Nachdem man mit der Durchleuchtung der Pakete überprüfte, ob man die Sprengsätze hätte entdecken können, stellte man fest, dass diese ohne das Geständnis des Mannes vor der Explosion nie ans Tageslicht gekommen wären. Das gab dem weltweiten Sicherheitspersonal schwer zu denken. Die USA zeigte eine der ersten Reaktionen, indem es die Kontrollen der Luftfrachtflugzeuge verstärkte. Kurze Zeit später wurden neue Geräte zum *Screening*[25] in den Vereinigten Staaten eingesetzt. Sie

---

[20] http://www.handelsblatt.com [Q17]
[21] Sprengstoff, der eine Explosion bei circa 175 Grad auslöst
[22] http://www.welt.de [Q30]
[23] http://www.spiegel.de [Q31]
[24] Ebenda Fußnote 21
[25] Testverfahren zum Überprüfen von versteckten Bomben, illegaler Fracht oder sonstigen Gefahren

erklärten ihr Ziel darin, so gut wie jede eintreffende Frachten zu *screenen*. In Deutschland sah man sich zunächst nicht gezwungen, weitere Maßnahmen zu ergreifen, da das Sicherheitsniveau als *ohnehin sehr hoch*[26] erklärt wurde.

---

[26] http://www.zeit.de [Q32]

5. Aktuelle Risiken

In den letzten Jahren kam es neben Vereitelungen von Flugunglücken trotz einiger Sicherheitsvorkehrungen zu mehreren Zwischenfällen im Flugverkehr. Jedenfalls wurden einige durch die Medien an die Öffentlichkeit getragen. Aus diesem Grund muss man sich heute die Frage stellen, was es heute noch für Sicherheitslücken gibt.

Der **Flughafen Frankfurt am Main** ist deutschlandweit der größte Flughafen gemessen an der Anzahl der Passagiere.[27] Die Betreiber haben damit eine große Verantwortung, für Sicherheit zu sorgen. Für diese ist die *Fraport AG* zuständig. Das Unternehmen hat bereits einige Vereitelungen von Anschlägen zu verzeichnen.

Trotzdem häufen sich nun immer mehr Berichte über eine fehlerhafte Sicherheit. Ende letzten Jahres wurde die Kontrolle der EU-Kommission veröffentlicht. Daraus geht hervor, dass die als herkömmliche Passagiere getarnten Prüfer versuchten, Waffen im **Handgepäck** in Passagierflugzeuge zu schmuggeln. Die Kontrolle soll bei 50%, ein ungemein hoher Prozentsatz, gescheitert sein.[28] So gelang es tatsächlich jedem zweiten Prüfer, Waffen mit an Bord zu bringen. Die Sicherheitslücken sollen nicht der Technologie geschuldet sein. Der Prüfbericht sagt aus, dass die Kontrolleure mangelhaft geschult wären und Röntgenbilder nicht korrekt interpretieren könnten. Es wurde dann aufgefordert, die vorhandenen Sicherheitslücken zu beheben. Seit dem Test soll sich folgendes geändert haben: Alle Sicherheitsangestellten müssen sich einer neuen Schulung unterziehen, welche überarbeitet wurde. Sie stehen besonders während der Arbeit unter besonderer Beobachtung. Des Weiteren muss mindestens jedes vierte Handgepäck genauer untersucht werden, um die Auswirkungen fehlerhafter Deutungen der Röntgenbilder herunterzuschrauben.

Wenige Monate später, im März dieses Jahres, wurden weitere Mängel durch einen Reporter der *Frankfurter Allgemeine Sonntagszeitung* aufgedeckt.[29] Nach einer kurzen Vorbereitung durch Recherchen im Internet nach Karten des Flughafens, die sogar von diesem online gestellt worden sind, macht er sich von einer Straße aus auf den zehnminütigen Weg zum **Flugfeld**. Lediglich eine gelbe Warnweste und unaufmerksames Sicherheitspersonal verhalfen ihm, bis ins Flugvorfeld vorzudringen. Dabei passierte er drei

---

[27] http://de.wikipedia.org [Q33]
[28] http://www.spiegel.de [Q35]
[29] http://www.t-online.de [Q36]

Sicherheitsschranken. Er berichtet, dass er den freien Weg zu Flugzeugen problemlos hinter sich hätte lassen können. Im Nachhinein stellte sich heraus, dass der Weg durch einen Zaun versperrt war und er somit *den sicherheitsrelevanten Bereich ohne Befugnis und Sicherheitskontrolle auf keinem Weg hätte erreichen können.*[30] Jedoch hätte ein Terrorist sich in so einer Situation sicher zu helfen gewusst. Dieser Vorfall weist sowohl auf nicht ausreichend vorhandene bauliche Trennungen im Flughafenbereich als auch auf persönliches Versagen des Sicherheitspersonals hin, welches durch Gespräche abgelenkt war oder keinen Verdacht auf potentielle Gefahren durch den Mann, der eine Tasche mit sich trug, schöpfte.

Ironischerweise machte sich der Germanwings-Pilot die Verschärfung der Flugsicherheit durch den Sicherheitsmechanismus des Cockpits im Flugzeug (siehe 4.Punkt, *Sicherheitsmechanismen in Flugzeuge*) anscheinend zunutze, indem er allein im Cockpit die Tür blockierte, den Piloten aussperrte und das Flugzeug zum Absturz brachte. Dieser Fall ist der **mangelhaften Schulung** beziehungsweise der falschen Auswahl und fehlerhaften Überprüfung des Personals geschuldet, da, Berichten zufolge, eine psychische Erkrankung des Piloten vorlag. Auf diese wurden deutsche Airlines, wie jetzt öffentlich gemacht wurde, bereits 2014 aufmerksam gemacht und ermahnt. Ein Brief der EU-Behörde forderte auf, das *zuständige Luftfahrtbundesamt (LBA) müsse die Airlines bei den Gesundheitschecks schärfer überwachen.*[31] Die EU-Regeln wurden jedoch nicht eingehalten, da die Tauglichkeit der Piloten zum Führen von Flugzeugen nicht ausreichend kontrolliert wurde. Es bleibt abzuwarten, mit welchen Maßnahmen die EU-Kommission nach zahlreichen Vorfällen in so kurzer Zeit weiter vorgehen wird. Es droht sogar eine Klage. Die sonst so *sicheren* deutschen Flugbetriebe werden ganz bestimmt weitere Vorkehrungen zur Gewährleistung der Sicherheit treffen müssen.

Falls der Mechanismus der inneren Cockpit-Verriegelung, wie derzeit diskutiert, abgeschafft wird, könnte dies zu vermehrten **Flugzeugentführungen** führen. Damit würde man es Terroristen an Bord erleichtern, durch Einschüchterung der Besatzung an den Einlasscode zu gelangen und die Piloten zu überwältigen.

    Eine Flugzeugentführung ist kein Szenario, das bisher unbekannt ist. Erst im März 2014 ist eine *Boeing 777* von *Malaysia Airlines* auf unerklärliche Weise verschwunden. Mit

---

[30] http://www.faz.net [Q37]
[31] http://www.zeit.de [Q38]

großer Wahrscheinlichkeit geht man davon aus, dass das Flugzeug entführt worden ist.[32] Das ist auf die Art und Weise zurückzuführen, wie das Signal verloren gegangen ist. Dies geschah nach einem kurzen möglicherweise geplanten Stromausfall. Es soll zu weiteren Kurswechseln und Änderungen der Flughöhe gekommen sein. Deshalb geht man davon aus, dass man das Luftfahrzeug nicht zerstören wollte. Nichtsdestotrotz muss in Zukunft verhindert werden, dass das Signal im Radar so *leicht* verloren gehen kann. Denn gerade mit zukünftigen Sicherheitsmaßnahmen, die im nächsten Kapitel aufgegriffen werden, können solche Entführungen dann vereitelt werden.

Terrorgruppen entwickeln sich auf technischer Ebene stetig weiter. Dadurch können sie Anschlagsplanungen variabler gestalten. **Ferngesteuerte Waffen** wie unbemannte Flugzeuge sind sicherlich Optionen der Terroristen, Anschläge zu verüben, die mit zunehmender Zeit als immer wahrscheinlicher einzustufen sind. Leicht zugängliche Flugbewegungen erleichtern es ihnen, ihre Ziele genau auszuwählen. Mittlerweile steht mit *Flightradar 24* sogar eine App der Öffentlichkeit zur Verfügung, die von jedem Smartphonebesitzer runtergeladen werden kann.

Ebenfalls letztes Jahr ereignete sich ein Unglück eines Flugzeugs der gleichen Fluglinie wie die des Flugzeugschwundes (*Malaysia Airlines*). Der *Flug MH 17* wurde über der Ostukraine von einem Raketenwerfer abgeschossen. Die Verursacher sind unbekannt, wobei naheliegend ist, dass der Anschlag in Verbindung mit der politischen Lage gebracht werden kann. Als logisch würde die Einstufung pro-russischer Separatisten erscheinen. Dabei handelt es sich jedoch nur um eine These.

Die USA setzte letztes Jahr die Welt vor neuartigen Bomben in Alarmbereitschaft, nachdem man Hinweise zu einer erhöhten Kontaktaufnahme europäischer Rückkehrer aus östlichen Gegenden wie Afghanistan und Syrien bekommen hat. Die Angst, dass diese mit dem islamistischen Extremismus eine Verbindung haben, ist groß. Schon 2009 scheiterte ein *kreativer* Bombenanschlag, nachdem ein Terrorist versuchte, in seiner Unterhose eine Bombe explodieren zu lassen.

Eine weitere Gefahr, wodurch Sprengsätze in Flugzeuge geschmuggelt werden könnten, besteht im Zusammenhang mit der **Luftfracht**. Es sei zeit- und personaltechnisch gar nicht

---

[32] http://info.kopp-verlag.de [Q44]

möglich, die vollständige Luftfracht genauer zu kontrollieren und unter die Lupe zu nehmen.[33]

Dies zeigte sich wieder einmal am 17. April diesen Jahres. An diesem Tag musste eine Maschine der *Turkish Airlines* ihren Flug von Istanbul nach Basel abbrechen, nachdem man an Bord die Nachricht erhielt, es sei eine Bombe in dem Flugzeug untergebracht. Ende März ereignete sich ein ähnlicher Fall, bei dem ein Passagierflugzeug auf dem Weg von Istanbul nach Sao Paulo eine Zwischenlandung durchführen musste. Wieder wurde eine Nachricht hinterlassen, die Rückschlüsse auf eine Bombe hinterließen. Das zeigt die Verwundbarkeit und die große Bedrohung vor explosiven Angriffen in der Luft. Immerhin sind bei 60% aller Terrorismusanschläge Sprengstoffe involviert.[34]

Es ist gut möglich, dass Terroristen zukünftige Anschläge durchaus bequemer gestalten könnten. 2013 soll es einem Sicherheitsberater mit einem Smartphone gelungen sein, in ein **Flug-Management-System** (FMS) einzudringen und den Autopiloten zu manipulieren, was die Flughöhe eines Flugzeuges ändern könnte.[35] Das wurde durch Schwachstellen des Funkmeldesystems möglich gemacht. Diese gebe es laut den Luftfahrtbehörden FAA und EASA in Passagierflugzeugen hingegen nicht. Die Firmware-Integrität muss trotzdem immer wieder gegen Angriffe von Hackern geschützt werden. Der Trend geht ohnehin in die Richtung, vermehrt Internetzugang an Bord anzubieten. Dabei ist es wichtig, Passagieren den Zugriff auf Systeme des Flugzeuges so gut es geht zu verweigern. Die fortschreitende Technik wird sicherlich neue aggressivere Methoden des *Hackings* mit sich bringen. Dagegen müssen sich Fluggesellschaften absichern.

Außerdem genügt es nicht nur, Flugzeuge vor digitalen Angriffen zu schützen. 2010 führten Hacker der Öffentlichkeit vor, wie leicht das Zugangssicherungssystem *Legic Prime*[36] zu hacken ist. Dieses System, das zum damaligen Zeitpunkt an den meisten deutschen Flughäfen aktiv war, vergibt Angestellten eine Karte, die Zugang zu nicht-öffentlichen Bereichen ermöglicht. Mit einem Gerät gelang es den Hackern problemlos, eine Verbindung zu Funksignalen der Mitarbeiterkarten herzustellen, indem sie sich diesen bis zu 15 Zentimeter[36] nähern, um diese zu emulieren. Dieses Lesegerät funktioniert dann wie herkömmliche Mitarbeiterkarten und gewährt Zutritt zu den entsprechenden Bereichen des Flughafens. Man mag sich nicht ausmalen, was ein Terrorist mit dem angewandten System

---

[33] http://www.spiegel.de [Q39]
[34] http://economicsandpeace.org [Q47]
[35] http://www.elektronikpraxis.vogel.de [Q40]
[36] http://www.spiegel.de [Q41]

alles unternehmen könnte.

Es ist längst kein Geheimnis mehr, wozu Hacker in der Lage sind. Erst letztes Jahr gelang es einer Gruppierung, mehr als 1000 Computersysteme von Energieunternehmen zu attackieren.[37] Auch von islamistischen Gruppen wie *Cybercaliphate*, welche den Sender *TV5Monde* kürzlich hackte, geht Gefahr aus.

---

[37] http://www.n-tv.de [Q43]

6. Was bringt die Zukunft mit sich?

6.1 Entwicklung der Luftfahrt

Bereits heute ist eine klar erkennbare Richtung der Luftfahrt erkennbar. Das *führende Segment der modernen Technologie und globalen Industrie*[38] wird eine deutliche **Zunahme an Personenverkehr** verzeichnen. So schätzt Boeing zwischen 2007 und 2026 eine Expansion von *jährlich durchschnittlichen 4,5 %*.[39] Diese Entwicklung wird durch eine zwangsläufige Anschaffung weiterer Transportflugzeuge begleitet. Die Zahl beläuft sich heute auf 18.000 Stück. Laut Airbus soll die Flugzeugflotte sich auf 36.000 Flugzeuge verdoppeln.

Insgesamt schätzt die *International Air Transport Association* die Zahl der Fluggäste in 19 Jahren auf mindestens doppelt so viel als letztes Jahr. So sollen 7,3 Milliarden Passagiere 2034 in der Luft transportiert werden.[40]

Die Flugzeugindustrie hat mit **mageren Gewinnen** zu kämpfen. Im Jahr 2012 soll dieser bei 1% gelegen sein.[41] Selbst wenn diese Zahl inkorrekt wäre, steht fest, dass der Profit unzureichend ist. Die Gesellschaft will immer billigere Flüge. Die Konkurrenz bei den Flugbetreibern ist deshalb sehr groß. Über kurz oder lang muss man die Preise auch bei teureren Flügen korrigieren. All dies geht auf Kosten der Sicherheit. Dort wird nämlich ein hoher Standard gefordert. Sobald aber das Geld dafür fehlt, sinkt dieser drastisch. Daher muss man sich die Frage stellen, ob man lieber billiger oder sicherer fliegen möchte.

6.2 Mögliche zukünftige Sicherheitsvorkehrungen

Gerade vergangene Ereignisse wie der Flugzeugabsturz des *Germanwings*-Flugzeuges verstärken die Diskussionen über die Sicherheit im Flugverkehr. Es wird derzeit viel spekuliert und geforscht, welche Maßnahmen sinnvoll wären.

---

[38] Menschen Mythen und Maschinen: Die Geschichte des Fliegens [Q48]
[39] Ebenda
[40] http://www.dw.de [Q53]
[41] http://www.heise.de/tp/artikel/44/44662/1.html [Q54]

Die Frage, ob man die **Verriegelung** innerhalb **des Cockpits abschaffen** sollte, wird derzeit heftig debattiert. Demnach könnte man mit der Eingabe eines Codes, welcher der Besatzung mitgeteilt wird, das Cockpit auch gegen den Willen der dort befindlichen Personen betreten. Allerdings liegt die Ursache nicht in dem System, sondern, wie vorherig erläutert, in der Überprüfung der Flugtüchtigkeit. Gerade nach diesem Ereignis wird dies bei den Fluggesellschaften ohnehin verstärkt. Dies ist zwar eine Annahme, wird jedoch durch ähnliche Vorfälle in der Vergangenheit gestützt, in der Ursachen von Anschlägen, wie unpräzise und an Sicherheit mangelnde Personenkontrollen nach *Nine-Eleven*, umgehend behoben wurden. Wie in *Punkt 5* geschrieben, ist zu vermuten, dass die Abschaffung der Verriegelung ein Schritt zurück wäre.

Deutsche Airlines gehen nun zu der Regel über, dass das **Cockpit** zu jeder Zeit **doppelt besetzt** sein muss. Diese Maßnahme könnte sich durchaus europaweit durchsetzen. Damit gewährleistet man einen höheren Sicherheitsstandard bei *böswilligen* Piloten. In Amerika ist so eine ähnliche Vorschrift bereits vorhanden. Diese fordert *Prozeduren für Flugcrews mit zwei Personen, wenn ein Besatzungsmitglied das Cockpit verlässt.*[42] Es wird wohl nur eine Frage der Zeit sein, bis diese Anordnung in den *europäischen Luftfahrtregeln* (wahrscheinlich mit einer konkretisierten Anweisung) hinzugefügt wird.

Bundesinnenminister Thomas de Maizière sagte der Boulevardpresse *Bild* vor Kurzem:

> *Nach dem Anschlag haben wir bei allen Passagieren und der Crew überprüft, ob sie uns als Gefährder bekannt sind – weil wir wissen wollten, ob es sich um einen Terroranschlag handelt. Wir mussten aber feststellen, dass zunächst gar nicht klar war, wer überhaupt in dem Flugzeug saß.*[43]

Das *Schengener Abkommen*, welches für einen einheitlichen Raum in Europa sorgen soll, verzeichnet einen allmählichen **Wegfall der Grenzkontrollen** der europäischen Länder seit 1985. Dies könnte bald **revidiert** werden, indem Flugpassagiere neben dem Bordticket auch ihre Ausweise vorzeigen müssen. Diese Maßnahme würde die Sicherheit weit voran bringen, da man dadurch stets kontrollieren könnte, welche Personen in welchen Flugzeugen fliegen. Damit würde man beispielsweise verhindern, dass gesuchte Terroristen

---

[42] http://www.sueddeutsche.de [Q49]
[43] http://www.bild.de [Q50]

ohne weiteres mit einem gestohlenen oder von einem anderen besorgten Flugticket an Bord gelangen. Diese Meinung vertritt *de Maizière* ebenfalls:

> *Wir müssen die Namen von Gefährdern austauschen können. Innerhalb Europas geht das bereits, mit manchen Drittstaaten ist das nicht selbstverständlich. Wir müssen in Zukunft aber von Fall zu Fall die Möglichkeit haben, auch außerhalb Europas und insbesondere mit Krisenregionen die Namen von gefährlichen oder potenziell gefährlichen Personen auszutauschen.*[44]

Ein neues System, das vor Flugzeugentführungen schützen soll, könnte in der Zukunft häufigen Gebrauch finden. Es handelt sich um das **ferngesteuerte Luft Sicherheitssystem**.[45] Man stelle sich folgendes Szenario vor: Einem Entführer gelingt es, in das Cockpit eines Passagierflugzeugs zu gelangen. Er schließt sich darin ein und steuert es auf ein bestimmtes Ziel zu. Dann kommt das Sicherheitssystem zum Tragen: Sobald die Entführung bekannt ist, wird ein weiteres Luftfahrzeug unmittelbar in Nähe gebracht. Sobald dieses *in Reichweite des Empfangsmoduls*[46] ist, kann der Pilot die Steuerung des Passagierflugzeugs übernehmen. Das Prinzip funktioniert nach der Fernsteuerung durch in den Flugzeugen eingebaute Signalgeräte.

Der Bundestag feilscht derzeit an einem **IT-Sicherheitsgesetz**. Dieses beinhaltet Anforderungen an sogenannte *kritische Infrastrukturen* wie Flughäfen an die IT-Systemsicherheit. Bei digitalen Angriffen müssen die Einrichtungen umgehend das *Bundesamt für Sicherheit in der Informationstechnik* benachrichtigen. Damit will man das Risiko von Cyber-Attacken mindern.[47]

---

[44] Ebenda, S.28
[45] http://google.com [Q51]
[46] Ebenda
[47] https://www.bmi.bund.de [Q52]

7. Fazit

In meiner Seminararbeit wollte ich die Gefahr vor Anschlägen auf den Luftverkehr untersuchen. Meine Befürchtung, dass Risiken der Luftfahrt schwer herauszufiltern sind und dass Unternehmen mir keine Auskunft über die Sicherheit gäben, hat sich nur teilweise bestätigt. Da die Luftfahrtindustrie derzeit im Fokus der Medien steht, werden durchaus immer wieder Risiken und Sicherheitslücken aufgedeckt. Darüber hinaus wurde ich bei Aspekten wie der Gefahr vor *Hacking* von der Fraport AG unterstützt. Andere Unternehmen wie die FAA oder DFS konnten keine Auskünfte über deren Stand der Sicherheit geben.

Um eine einleuchtende Antwort auf die Fragestellung, ob die Gefahr vor Anschlägen im Luftverkehr weitgehend gebannt ist, zu geben, muss ich ein letztes Mal einen inhaltlichen Bezug nehmen und die behandelten Teilaspekte gegenüberstellen.

Durch den Druck, ausgelöst von Luftangriffen, wird der Luftfahrtsektor ohnehin nahezu gezwungen, Maßnahmen zu treffen. Die vielen Sicherheitsvorkehrungen, die in den letzten 14 Jahren durchgesetzt worden sind, sprechen für eine positive Entwicklung. Gesetze wie das Luftsicherheits- und Terrorismusbekämpfungsgesetz, die Verschärfung der Gepäckkontrollen, Erweiterungen verbotener Gegenstände sowie weitere Sicherheitsmaßnahmen an Bord sorgen seit geraumer Zeit zu Vereitelungen von Anschlägen wie am 10. August 2006 durch die Festnahme mehrerer Terroristen, die flüssigen Sprengstoff an Bord zünden wollten.

Auch die öffentliche Darstellung der Flugbetriebe über die Auseinandersetzung von weiteren Sicherheitsvorkehrungen gibt der Welt Hoffnung, in der Zukunft sicherer als je zuvor fliegen zu können. So bräuchte man sich nicht über mangelnde Ausbildungen der Mitarbeiter oder lückenhafte Abwehrprogramme gegen Hacker zu sorgen.

Die Realität sieht jedoch anders aus. Es scheint, als ob man mit Sicherheitsmaßnahmen bloß die Gesellschaft zum Schweigen bringen will, sodass sie sich keine Gedanken über die Sicherheit mehr machen soll. Das zeigt die Behandlung des Themas der Cockpitverriegelung. Bloß weil es gerade eine Ablehnung gegen diese gibt, wird über eine Abschaffung geredet. Mit der Maßnahme der Zwei-Personen-Regel wird nun die eigentliche Ursache, nämlich die mangelnde Pilotenüberprüfung, umgangen.

Des Weiteren sind Sicherheitsvorkehrungen immer mit Kosten verbunden. Deshalb wird weltweit versucht, so wenig Geld wie nötig für diesen Bereich auszugeben. Erst wenn die Bevölkerung Druck macht, werden Initiativen ergriffen.

Ohnehin bestehen viele Risiken vor Terroranschlägen auf den Luftverkehr. Flughäfen wie der Frankfurter Flughafen zeigen immer wieder Mängel auf. Besonders verheerend ist die minderwertige Ausbildung des Personals. Letzten Endes hängt die Gewährung der Sicherheit immer an dem Menschen.

Zudem ist die technische Entwicklung der Terrororganisationen besorgniserregend. Besonders neue Methoden zur Verübung von Anschlägen wie die des *Hackings* oder der Drohnenangriffe sind nach heutigem Stand immer weniger vermeidbar.

Die Steigerungsraten der Flugzeugpassagiere werden folgenschwere Auswirkungen auf die Flugsicherheit haben. Flughäfen müssen erweitert werden und Sicherheit dabei beibehalten. Das erfordert eine massive Erhöhung des Flugpersonals, wenn man bedenkt, wie sehr der Flugverkehr zunehmen wird.

Der Terrorismus ruht sich, wie man weiß, nicht aus. Wie verschachtelt die Absichten und Auslöser von Angriffen der Terroristen sind, machten die religiösen, gesellschaftlichen und politischen Interpretationen deutlich. Deshalb ist davon auszugehen, dass viele weitere Anschläge folgen werden. Man könnte sogar sagen, dass die Gefahr vor Anschlägen heute nicht unbedingt geringer als früher ist. Wichtig für die Menschheit wäre jedoch, diese Gefahr weiter zu minimieren. Das Beispiel *Nine-Eleven* zeigt nämlich, was Luftangriffe anrichten können. Aus diesem Grunde ist es wichtig, sich nicht auf den aktuellen Sicherheitsvorkehrungen auszuruhen. Es gibt noch reichliche Risiken, die vielleicht noch gar nicht erforscht worden sind. Notwendigerweise müssen weltweit Anpassungen erfolgen, um bestehende Gefahren zu vereiteln. Eine absolute Sicherheit gibt es nicht und wird es nie geben, aber eine persistente Anpassung der Sicherheitsmaßnahmen kann das Risiko vor Terroranschlägen dezimieren.

Quellen

Titelbild: http://www.goodwp.com/images/201105/goodwp.com_17867.jpg

1.)

(1) Seite „Terrorismus". In: Wikipedia, Die freie Enzyklopädie. Bearbeitungsstand: 3. April 2015, 16:41 UTC. URL: http://de.wikipedia.org/w/index.php?title=Terrorismus&oldid=140536703 (A bgerufen: 1. April 2015, 15:51 UTC)

2.1)

(2) Seite „Ablauf der Terroranschläge am 11. September 2001". In: Wikipedia, Die freie Enzyklopädie. Bearbeitungsstand: 6. März 2015, 10:21 UTC. URL: http://de.wikipedia.org/w/index.php?title=Ablauf_der_Terroranschl%C3%A4 ge_am_11._September_2001&oldid=139507468 (Abgerufen: 31. März 2015, 09:59 UTC)

(3) Seite „Terroranschläge am 11. September 2001". In: Wikipedia, Die freie Enzyklopädie. Bearbeitungsstand: 10. Februar 2015, 21:06 UTC. URL: http://de.wikipedia.org/wiki/Terroranschl%C3%A4ge_am_11._September_2001 (Abgerufen: 14. Februar 2015, 13:43 UTC)

2.2)

(4) Seite „Wirtschaftliche Folgen für die Luftfahrt". In: Handelsblatt. URL: http://www.handelsblatt.com/unternehmen/handel-konsumgueter/jahrestag-9-11-wirtschaftliche-folgen-fuer-die-luftfahrt/4585116.html (Abgerufen: 1. April 2015)

(5) **Xavier Waterkeyn:** AIR DESASTER – Katastrophen der Luftfahrtgeschichte, Bruckmann 2008

2.3)

(6) Seite „Wie 9/11 die Wirtschaft traf". In: Handelszeitung. URL: http://www.handelszeitung.ch/konjunktur/wie-911-die-wirtschaft-traf (Abgerufen: 1. April 2015)

(7) Seite „Schock gut weggesteckt – Die wirtschaftlichen Folgen von 9/11". In: Deutsche Welle. URL: http://www.dw.de/schock-gut-weggesteckt-die-wirtschaftlichen-folgen-von-9-11/a-2167964-1 (Abgerufen: 1. April 2015)

(8) Seite „Die wirtschaftlichen Folgen des internationalen Terrorismus". In: Bundeszentrale für politische Bildung. URL: http://www.bpb.de/apuz/28562/die-wirtschaftlichen-folgen-des-internationalen-ter%C2%ACrorismus?p=all (Abgerufen: 1. April 2015)

(9) Seite „9/11 und die Folgen". In: Bundeszentrale für politische Bildung. URL: http://www.bpb.de/politik/hintergrund-aktuell/68721/9-11-und-die-folgen (Abgerufen: 1. April 2015)

3.)

(10) **Brynjar Lia und Katja H.-W. Skjølberg**: Warum es zu Terrorismus kommt – Ein Überblick über Theorien und Hypothesen zu den Ursachen des Terrorismus, 2004 URL: http://www.uni-bielefeld.de/ikg/zick/lia_skjolberg.pdf (Abgerufen: 2. April 2015)

(11) Seite „Die Botschaften des Hasspredigers". In: derStandard. URL: http://derstandard.at/1303950672350/Chronologie-Die-Botschaften-des-Hasspredigers (Abgerufen: 2. April 2015)

(12) Seite „Hohe Sicherheitsrisiken am Flughafen". In: hronline. URL: http://www.hr-online.de/website/rubriken/nachrichten/indexhessen34938.jsp?rubrik=36082&key=standard_document_53917775 (Abgerufen: 2. April 2015)

(13) Seite „ARD-Mann rechnet mit Tagesschau ab". In: MMnews. URL: http://www.mmnews.de/index.php/politik/36026-ard-mann-rechnet-mit-tagesschau-ab (Abgerufen: 2.April 2015)

3.2)

(14) Seite „Psychopathologie". In: Wikipedia, Die freie Enzyklopädie. Bearbeitungsstand: 15. März 2015, 17:30 UTC. URL: http://de.wikipedia.org/w/index.php?title=Psychopathologie&oldid=139808351 (Abgerufen: 2. April 2015, 12:57 UTC)

(15) Seite „Gleichgeschaltetes Propaganda vom isolierten Putin". In: Die Propagandaschau. URL: https://propagandaschau.wordpress.com/2014/11/16/gleichgeschaltete-propaganda-vom-isolierten-putin/

3.4)

(16) Seite in APHORISMEN.de URL: http://www.aphorismen.de/zitat/78150(Abgerufen: 2. April 2015)

4.)

(17) Seite „Änderungen in der Flugsicherheit seit 9/11". In: Handelsblatt. URL: http://www.handelsblatt.com/unternehmen/handel-konsumgueter/terrorabwehr-aenderungen-in-der-flugsicherheit-seit-9-11/v_listicle/4580960.html (Abgerufen: 2. April 2015)

(18) Seite „USA PATRIOT Act". In: Wikipedia, Die freie Enzyklopädie. Bearbeitungsstand: 6. Februar 2015, 11:36 UTC. URL: http://de.wikipedia.org/w/index.php?title=USA_PATRIOT_Act&oldid=13854 7292 (Abgerufen: 2. April 2015, 13:53 UTC)

(19) Amtsblatt der Europäischen Gemeinschaften: VERORDNUNG (EG) Nr. 2320/2002 DES EUROPÄISCHEN PARLAMENTS UND DES RATES, 30.12.2002URL: http://eurlex.europa.eu/LexUriServ/LexUriServ.do?uri=OJ:L:2002 :355:0001:0021:DE:PDF (Abgerufen: 4. April 2015)

(20) Seite „Luftsicherheitsgesetz". In: Bundesministerium für Justiz und Verbraucherschutz. URL: http://www.gesetze-im-internet.de/luftsig/ (Abgerufen: 4. April 2015)

(21) Seite „Terrorismusbekämpfungsgesetz". In: Wikipedia, Die freie Enzyklopädie. Bearbeitungsstand: 3. Februar 2015, 15:36 UTC. URL: http://de.wikipedia.org/w/index.php?title=Terrorismusbek%C3%A4mpfung sgesetz&oldid=138458459 (Abgerufen: 11. April 2015, 18:03 UTC)

(22) **Susanne Fischer, Philipp Klüfers, Carlo Masala, Katrin Wagner:** (Un-)Sicherheitswahrnehmungen und Sicherheitsmaßnahmen im internationalen Vergleich, März 2014 URL: http://www.sicherheit-forschung.de/schriftenreihe/sr_v_v/sr_14.pdf (Abgerufen: 4. April 2015)

(23) Seite „Die Technik im Cockpit". In: Tagesschau. URL: http://www.tagesschau.de/inland/cockpittuer-101.html (Abgerufen: 5. April 2015)

(24) Seite „Prohibited Items". In: Transportation Security Administration. URL: http://www.tsa.gov/traveler-information/prohibited-items (Abgerufen: 5. April 2015)

4.1)

(25) Seite „Richard Reid". In: Wikipedia, Die freie Enzyklopädie. Bearbeitungsstand: 28. Dezember 2014, 13:50 UTC. URL: http://de.wikipedia.org/w/index.php?title=Richard_Reid&oldid=13717805 (Abgerufen: 5. April 2015, 18:14 UTC)

(26) Seite „Ermittler weltweit im Alarmzustand". In: Stern. URL: http://www.stern.de/politik/ausland/verhinderter-terroranschlag-ermittler-weltweit-in-alarmzustand-1619221.html (Abgerufen: 7. April 2015)

(27) Seite: „Vereitelter Anschlag: USA fahren Terrorabwehr hoch". In: SpiegelOnline. URL: http://www.spiegel.de/politik/ausland/vereitelter-anschlag-usa-fahren-terrorabwehr-hoch-a-726268.html (Abgerufen: 6. April 2015)

(28) Seite „Britische Antiterroraktion vom 10. August 2006". In: Wikipedia, Die freie Enzyklopädie. Bearbeitungsstand: 29. März 2015, 22:46 UTC. URL: http://de.wikipedia.org/w/index.php?title=Britische_Antiterroraktion_vom_1 0._August_2006&oldid=140396094(Abgerufen: 6. April 2015, 17:18 UTC)

(29) Seite: „Anschläge in London vereitelt: Terroristen wollten mehrere Passagierflugzeuge sprengen". In: SpiegelOnline. URL: http://www.spiegel.de/panorama/anschlaege-in-london-vereitelt-terroristen-wollten-mehrere-passagierflugzeuge-sprengen-a-430971.html (Abgerufen: 4. April 2015)

(30) Seite: „Bombe aus Jemen sollte über USA explodieren". In: Die Welt. URL: http://www.welt.de/politik/ausland/article10856128/Bombe-aus-dem-Jemen-sollte-ueber-USA-explodieren.html (Abgerufen: 4. April 2015)

(31) Seite: „Bomben in Luftfracht: Getarnte Paketbomben alarmieren deutsche Terrorfahnder". In: SpiegelOnline. URL: http://www.spiegel.de/politik/deutschland/bomben-in-luftfracht-getarnte-paketbomben-alarmieren-deutsche-terrorfahnder-a-726556.html (Abgerufen: 5. April 2015)

(32) Seite: „Ermittler fahnden nach Drahtziehern der Sprengstoffpakete". In: Zeit Online. URL:http://www.zeit.de/politik/ausland/2010-10/luftfracht-terrorgefahr-usa(Abgerufen: 7. April 2015)

5.)

(33) Seite „Flughafen Frankfurt am Main". In: Wikipedia, Die freie Enzyklopädie. Bearbeitungsstand: 9. April 2015, 19:40 UTC. URL: http://de.wikipedia.org/w/index.php?title=Flughafen_Frankfurt_am_Main&ol did=140716610 (Abgerufen: 7. April 2015, 16:30 UTC)

(34) Seite: „USA warnen vor Terrorgefahr im Luftverkehr". In: T-Online. URL: http://www.t-online.de/nachrichten/ausland/id_70101158/usa-warnen-vor-terrorgefahr-im-luftverkehr.html (Abgerufen: 10. April 2015)

(35) Seite: „EU-Prüfbericht: Schwere Sicherheitsmängel am Frankfurter Flughafen. In: SpiegelOnline. URL: http://www.spiegel.de/reise/deutschland/sicherheitsluecken-eu-kommission-kritisiert-frankfurter-flughafen-a-1009780.html (Abgerufen: 10. April 2015)

(36) Seite: „Sicherheit am Frankfurter Flughafen lückenhaft". In: T-Online URL: http://www.t-online.de/nachrichten/deutschland/id_73184538/flughafen-

frankfurt-am-main-mit-grossen-sicherheitsluecken.html (Abgerufen: 10. April 2015)

(37) Seite: „Wie sicher ist der Frankfurter Flughafen?". In: Frankfurter Allgemeine. URL: http://www.faz.net/aktuell/politik/inland/korrektur-wie-sicher-ist-der-frankfurter-flughafen-13469744.html (Abgerufen: 10. April 2015)

(38) Seite: „EU-Kommission rügte Deutschland 2014 wegen Pilotenaufsicht". In Zeit Online. URL: http://www.zeit.de/mobilitaet/2015-04/flugsicherheit-piloten-eu-kommission-ruege (Abgerufen: 10. April 2015)

(39) Seite: „Bomben in Luftfracht: Getarnte Paketbomben alarmieren deutsche Terrorfahnder". In: SpiegelOnline. URL: http://www.spiegel.de/politik/deutschland/bomben-in-luftfracht-getarnte-paketbomben-alarmieren-deutsche-terrorfahnder-a-726556.html (Abgerufen: 10. April 2015)

(40) Seite: „Integrität der Firmware für Flugsicherheit herstellen". In: Elektronikpraxis Vogel.URL: http://www.elektronikpraxis.vogel.de/softwareengineering/betriebsysteme/articles/416908/ (Abgerufen: 10. April 2015)

(41) Seite: „Alarmierende Sicherheitslücke: Hacker knacken Flughafen-Zugangskontrolle". In: SpiegelOnline URL: http://www.spiegel.de/netzwelt/netzpolitik/alarmierende-sicherheitsluecke-hacker-knacken-flughafen-zugangskontrolle-a-671980.html (Abgerufen: 10. April 2015)

(42) Seite: „BKA sieht konkrete Terrorgefahr für Luftverkehr". In: Die Welt. URL: http://www.welt.de/politik/deutschland/article116326509/BKA-sieht-konkrete-Terror-Gefahr-fuer-Luftverkehr.html (Abgerufen: 10. April 2015)

(43) Seite „Sind Flugsicherheit und Versorgungsnetze bedroht?". In: ntv. URL: http://www.n-tv.de/mediathek/videos/politik/Sind-Flugsicherheit-und-Versorgungsnetze-bedroht-article14873746.html (Abgerufen: 13. April 2015)

(44) Seite „Ziemlich überzeugende Beweise dafür, dass Malaysia Airlines MH370 entführt wurde: Durch Manipulation im Cockpit wurde das Flugzeug absichtlich vor der Radarerfassung versteckt". In: KoppOnline. URL: http://info.kopp-verlag.de/hintergruende/enthuellungen/mike-adams/ziemlich-ueberzeugende-beweise-dafuer-dass-malaysia-airlines-mh37-entfuehrt-wurde-durch-manipulat.html (Abgerufen: 13. April 2015)

(45) Seite „Turkish Airlines: Maschine kehrt wegen Bombendrohung zurück nach Istanbul". In: SpiegelOnline.

URL: http://www.spiegel.de/panorama/bombendrohung-gegen-turkish-airlines-maschine-auf-dem-weg-nach-basel-a-1029141.html (Abgerufen: 19.April 2015)

(46) Seite „Turkish Airlines: Passagiermaschine nach Bombendrohung umgeleitet". In: Spiegel Online.
URL: http://www.spiegel.de/panorama/turkish-airlines-tuerkisches-flugzeug-nach-bombendrohung-umgeleitet-a-1026299.html (Abgerufen: 19. April 2015)

(47) Institute for ECONOMICS & PIECE: GLOBAL TERRORISM INDEX 2014
URL: http://economicsandpeace.org/wp-content/uploads/2011/09/Terrorism-Index-Report.pdf (Abgerufen: 19. April 2015)

6.)

(48) Riccardo Niccoli: Menschen Mythen und Maschinen: Die Geschichte des Fliegens, GeraMond 2013

(49) Seite: „Zwei im Cockpit – eine Lösung?". In: Süddeutsche Zeitung. URL:
http://www.sueddeutsche.de/panorama/konsequenzen-aus-dem-germanwings-absturz-zwei-im-cockpit-eine-loesung-1.2412804 (Abgerufen: 11. April 2015)

(50) Seite: „Bundesregierung prüft Ende der Cockpitverriegelung". In: Bild.
URL: http://www.bild.de/politik/inland/bundesregierung/prueft-abschaffung-der-totalverriegelung-von-cockpit-tueren-40393792.bild.html (Abgerufen: 11. April 2015)

(51) Seite „Ferngesteuertes Luft Sicherheitssystem". In: Google.
URL: http://google.com/patents/DE202011002318U1?cl=de (Abgerufen: 11. April 2015)

(52) Seite: „Bundesregierung beschließt IT-Sicherheitsgesetz". In: Bundesministerium des Inneren.
URL:ihttps://www.bmi.bund.de/SharedDocs/Kurzmeldungen/DE/2014/12/bundeskabinett-beschlie%C3%9Ft-it-sicherheitsgesetz.html (Abgerufen: 13. April 2015)

(53) Seite „Was sie über Flugsicherheit wissen sollten". In: Deutsche Welle.
URL: http://www.dw.de/was-sie-%C3%BCber-flugsicherheit-wissen-sollten/a-18336562 (Abgerufen: 13. April 2015)

(54) Seite „Flugsicherheit der Zukunft". In: Telepolis.
URL: http://www.heise.de/tp/artikel/44/44662/1.html (Abgerufen: 19. April 2015)